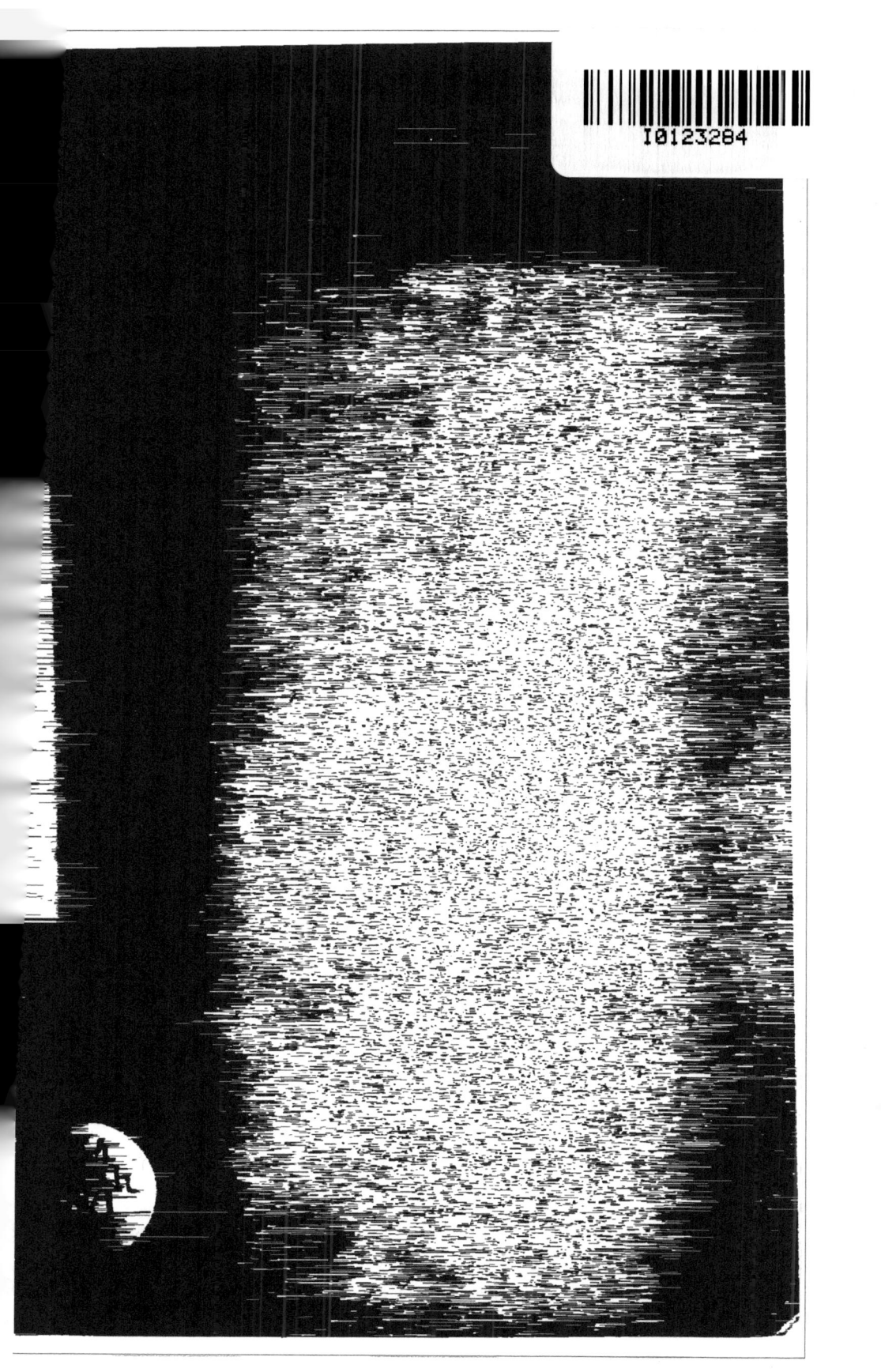

# 1815-1870

S'il nous est permis de tirer de l'instructive publication des documents puisés dans les papiers du
lieutenant-général Hulot[1], un enseignement applicable
à notre situation actuelle, nous rapprocherons la catastrophe de 1815 de celle de 1870 et nous remarque-
rons que, selon toutes les probabilités, nous aurions
évité la seconde si les chefs militaires, qui eurent à
cette époque les destins de nos armées entre les
mains, s'étaient préparés à cette terrible responsabilité
par une étude approfondie des campagnes de 1812 à
1815 et de cette dernière en particulier. Si nous recon
naissons que les fautes commises dans la campagne de
Belgique, nous les avons répétées avec exagération
en 1870, il faut bien admettre que c'est à l'oubli cons-
tant de nos erreurs passées et au mépris professé par
nous pour la science historique que nous devons
attribuer nos derniers désastres. Or, le rapprochement
s'impose de lui-même à nos méditations ; cet oubli des

---

1. Le *Spectateur militaire* a publié, dans les premières livraisons
de 1884, une série de lettres, rapports, fragments de récits, ordres
du jour, etc., tirés des papiers du lieutenant-général baron
Étienne Hulot, l'ancien premier aide de camp du maréchal Soult. Ces
considérations sur les campagnes de 1815-1870 forment la conclu-
sion de cette publication, elles ont été inspirées à leur auteur par la
publication des documents que lui avaient confiés les fils du lieutenant-général Hulot. (*Note de l'éditeur.*)

leçons de l'expérience cruelle de 1815 et les conclu-
sions qui en découlent pour l'avenir doivent sauter
aux yeux des plus indifférents.

Que voyons-nous à Waterloo ?

Ne parlons pas de la préparation de la campagne,
pour laquelle il n'y a pas de comparaison à établir
entre 1815 et 1870. La préparation de Napoléon I$^{er}$ est
aussi prévoyante, aussi complète que les circonstances
le permettent, sa mobilisation, comparable pour sa ra-
pidité à celle de la première guerre d'Autriche, son
plan irréprochable et son entrée en campagne sont des
chefs-d'œuvre d'activité, de coup d'œil et de prompti-
tude qui, d'après Jomini, doivent être mis au nombre
des opérations stratégiques les plus remarquables de
sa carrière.

Il surprend l'ennemi mal prévenu, mal préparé et
peut l'attaquer séparément comme il l'avait projeté.
Jusque-là son plan a réussi et le succès couronne ses
efforts. Malheureusement il escompte trop vite ce succès de la première heure et tombe lui-même dans la
faute qu'il a si habilement exploitée chez l'ennemi. Il
coupe sa propre armée en deux tronçons avant d'avoir
suffisamment étudié la marche de l'ennemi et relevé
ses positions en lançant sa nombreuse et belle cavalerie en avant ; il perd ainsi ce contact que les événements
ne lui permettront plus de rétablir ; il opère en large,
au lieu de rester soudé, et la victoire lui échappe malgré tous les calculs de son génie. Il suffira dès lors,
pour fixer les destins de la campagne, que Wellington
persiste dans son attitude de défensive désespérée et
Blücher dans son idée fixe de marcher quand même au
canon, en sacrifiant le corps Thielmann qu'il laisse de-

vant Grouchy et en risquant une longue marche de flanc contraire à tous les principes.

Pendant quarante-huit heures, Napoléon épuise les ressources de son talent militaire et de son expérience pour réparer sa faute et vaincre l'impassibilité des bataillons anglais, pour deviner le plan de ses ennemis et surprendre le secret de leurs manœuvres. Tous ses efforts, toutes ses opérations échouent devant l'idée fixe si simple, si primitive des deux généraux ennemis : marcher au bruit du canon quand même, malgré tout, et opérer, s'il est possible, leur jonction avant le retour de l'aile droite française. Le plan n'était ni bien savant ni bien compliqué ; il réussit néanmoins parce que rien ne vint l'entraver, parce que Napoléon, troublé par la disparition de son aile droite, était distrait, perdu dans ses combinaisons et aussi, disons-le, par un concours de circonstances qui, à d'autres époques de sa carrière, eussent été certainement prévues et conjurées. Pour la première fois, depuis dix-sept ans, Berthier n'était pas là, et, en dépit de la bonne volonté et de la haute capacité du maréchal Soult, les rouages de l'état-major ne fonctionnaient plus avec l'ensemble et la régularité que son prédécesseur avait toujours su maintenir dans cette machine délicate et compliquée. Plusieurs courriers expédiés ne parvinrent pas à destination ; les uns furent tués ou pris, les autres s'égarèrent ou perdirent un temps précieux. Berthier eût sans doute paré à ces désastreux contretemps en envoyant deux courriers pour un et leur faisant prendre des directions différentes pour arriver au même but.

Le duc de Trévise, nommé au commandement en

chef de la garde, retenu à la frontière par le mauvais état de sa santé, ne put rejoindre et ne fut pas remplacé; il en résulta que la réserve de la garde, emballée par ses chefs, qu'on nous passe l'expression, s'engagea prématurément et que l'Empereur ne la trouva plus sous sa main, à l'heure où son intervention eût pu changer en notre faveur les destins de la bataille. Enfin, les généraux Grouchy et Vandamme, habitués par Napoléon lui-même à exécuter ses ordres à la lettre, reculèrent devant une initiative réclamée par leurs états-majors et même par leurs soldats, et s'en allèrent paralyser à Wavre les trois corps de l'aile droite, dans un combat stérile contre Thielmann! Voilà Waterloo!

Et maintenant qu'avons-nous vu en 1870? Laissons de côté, comme nous l'avons dit, la préparation, le plan de campagne et la mobilisation : l'histoire est fixée à cet égard, et il est évident que, jusqu'à la journée de Ligny, c'est-à-dire pour les débuts des hostilités, 1870 est le contre-pied de 1815. Mais quand nous avons eu à profiter sur le Rhin de l'expérience acquise sur la Sambre, quand il nous a été permis de corriger, devant le général de Moltke, les fautes commises un demi-siècle auparavant devant Blücher à partir de la soirée du 16 juin, on pouvait croire que nous allions profiter de la leçon de 1815 et franchir ou menacer la frontière en bataillons serrés, précédés d'une cavalerie alerte et vigilante.

Pas du tout : nous éparpillons 80,000 hommes sur une ligne qui va de Forbach à Belfort, et les maréchaux Bazaine et Canrobert se tiennent, avec le reste de l'armée, à Nancy, Metz et Saint-Avold. Il ne s'agit plus de deux tronçons, comme à Waterloo; chaque corps d'armée opère pour son compte, c'est une véritable école de tirailleurs. Aussi qu'arrive-t-il le jour où se produit le premier choc qui doit avoir, comme toujours, un effet moral immense sur la suite des opérations? La division Douay se trouve seule en face des têtes de colonnes de la troisième armée prussienne, et, le surlendemain, cette même armée ne trouve devant elle que le corps de Mac-Mahon, diminué des pertes subies à Wissembourg, et augmenté seulement d'une division du corps détaché à Belfort, tandis qu'à l'autre extrémité de la frontière, le général Frossard, seul, fait face avec ses trois divisions à l'armée de Steinmetz.

Avons-nous du moins recueilli en 1870 quelque fruit de nos bouillantes discussions sur les contre-marches incohérentes du corps Drouet d'Erlon? Il suffit pour répondre à cette question, de rappeler la marche du 5e corps de l'armée du Rhin, ondulant de Niederbronn à Sarreguemines et de Sarreguemines à Wœrth pour se joindre définitivement au premier corps après la bataille.

A-t-on assez reproché aux généraux Grouchy et Vandamme de n'avoir pas couru au canon, malgré l'absence d'ordres de l'Empereur? Pourtant nous avons vu en 1870, le 5e corps arriver trop tard à Wœrth, quand il pouvait facilement intervenir au milieu de la bataille. Et le même jour, pendant le combat de Spicheren, n'avons-nous pas assisté au curieux spectacle de trois divisions françaises se promenant autour du champ de bataille en attendant des ordres du maréchal Bazaine qui ne leur sont parvenus que dans la soirée, trop tard pour qu'elles apportassent un concours efficace au 2ᵉ corps, juste à temps pour se mêler à la déroute, comme le 5ᵉ corps à Wœrth ? Quelques jours plus tard, le 18 août, le corps de la garde n'est-il pas intervenu trop tard, et encore partiellement, dans la soirée, alors que le mouvement tournant des Prussiens était consommé ?

La cavalerie a-t-elle mieux reconnu la marche et les positions de l'ennemi qu'en 1815 ? Hélas ! On ne peut oublier que toutes les batailles de la frontière ont débuté par des surprises ! Quant à l'unité de commandement, on sait que les fonctions exercées par Soult en l'absence du maréchal Berthier à Waterloo, n'existaient plus en France en 1870, pas plus qu'aujourd'hui, tandis que le général de Moltke les remplissait depuis de longues années à la tête de l'armée prussienne. En 1870, c'est le maréchal Lebœuf qui quitte le ministère de la guerre pour prendre ces importantes fonctions qu'il résiliera au bout de quelques jours en échange du corps d'armée du général Decaen. Quant au commandant en chef, si l'armée française de 1815 a eu le tort d'en compter deux sur les champs de bataille de la Belgique, l'armée de Sedan, à elle seule en a compté quatre dans la journée du 1ᵉʳ septembre.

L'un des principaux griefs de nos annalistes militaires contre le général Grouchy réside dans la lenteur de sa marche sur Gembloux et sur Wavre. D'après ces critiques, en suivant les ordres de Napoléon et en marchant franchement sur Wavre, il aurait gagné une demi-journée, écrasé Thielmann, et, comprenant alors la ruse de Blücher, il eût poursuivi celui-ci, ou bien, se rabattant sur le centre de notre armée, il fût arrivé à temps pour maintenir les colonnes prussiennes et prévenir la catastrophe. Il y avait dans cet épisode un enseignement précieux à recueillir pour la campagne de 1870. Lorsque le général comte de Palikao, ministre de la guerre, donna l'ordre à l'armée de Châlons de se diriger sur Metz par le mouvement tournant de l'Argonne, on pouvait espérer que le souvenir de ces critiques allait faire presser les mouvements de nos troupes auxquelles la faute inespérée de l'état-major prussien donnait deux journées d'avance, pour aller à Metz prendre à revers l'armée de siège de Frédéric-Charles. Il n'en fut rien ; notre malheureuse armée se traîna au pas ordinaire, à raison de quelques kilomètres par jour, jusqu'à Beaumont en Argonne, d'où l'armée prussienne, accourue à marches forcées, la poussa et l'accula dans le cul-de-sac de Sedan.

A quoi nous a donc servi la triste expérience de Waterloo? Quels bénéfices avons-nous tirés de cette terrible leçon ? On vient de le voir et il serait facile de poursuivre cette étude et de montrer que nous n'avons fait en 1870 que rééditer, en les amplifiant, les fautes des 16, 17 et 18 juin 1815. Il serait également facile de prouver que l'état-major prussien, avant de pénétrer sur notre territoire, s'était imprégné des maximes et des procédés de Frédéric II et de Napoléon 1er et que les cadres de l'armée d'invasion possédaient à fond l'histoire des guerres du siècle et réglaient leur conduite et leur tactique sur les situations identiques analysées jadis par eux dans l'étude de ces différentes guerres.

Si les évènements dont les journaux de Berlin et de Cologne ne cessent de nous menacer depuis 1871 nous

mettaient une cinquième fois en présence d'une invasion prussienne, règlerions-nous donc enfin notre conduite sur ces terribles souvenirs ? Ne pourrions-nous
pas dès aujourd'hui consacrer, sur les indications de
notre histoire militaire, quelques miettes des milliards
que nos gouvernants destinent aux écoles, aux ca-
naux et aux chemins de fer, en travaux préparatoires
à la défense nationale. Malgré les cuisants souvenirs
du Mexique, nous sommes partis pour le Tonkin avant
l'organisation d'une armée coloniale. Nous avons, il
est vrai, à venger un nouveau 5 *mai* et à prendre une
nouvelle Puebla et pour la troisième fois, des renforts
partent pour ce nouveau Mexique.[1]

Notre armée d'Afrique est cette fois encore appelée à
fournir son contingent, mais nous sommes à demi
rassurés de ce côté, du moment que le portefeuille du
Ministère de la Guerre est enfin confié à un général qui
n'a pas perdu le souvenir de la révolte des Arabes en
1871 et s'est donné la mission patriotique de réclamer
avec énergie l'organisation de cette armée d'Algérie
sans laquelle il n'est pas de sécurité pour nous en cas
de guerre européenne.

Toutefois, quand cette question capitale sera réglée,
et nous espérons qu'elle le sera aussitôt après le vote
du budget, nous aurons à tenir compte d'autres aver-
tissements de notre histoire militaire et à en finir, par
exemple, avec cette abominable mystification de la
suppression de l'armée permanente et du rétablisse-
ment de la garde nationale, qui ne peut pas se discuter

---

1. Cet article était écrit avant l'organisation du corps expédi-
tionnaire destiné à opérer sur le Fleuve Rouge, sous le commandement des généraux Millot, Brière de l'Isle et de Négrier.

loyalement mais qui, réclamée si souvent par les journaux radicaux, exerce par ce fait une influence mal-
saine sur certaines imaginations, en dépit de la fatale
expérience du siège de Paris.

Quant à la démolition des murs de la capitale, ceux
qui la réclament ignorent sans doute qu'à la suite de
la triste affaire de Châtillon, qui a inauguré la série des
engagements de l'armée de Paris contre les armées
prussiennes, un groupe de soldats allemands est arrivé
dans la poursuite de nos malheureux bataillons impro-
visés jusqu'au milieu de Malakoff, en deçà des forts de
Vanves et de Montrouge et à quelques centaines de
mètres de la porte de Châtillon.

Si Paris eût été privé alors de sa ceinture de fossés
et de murailles, il est donc permis de croire que, ce
jour-là, les troupes allemandes eussent été plus auda-
cieuses encore et que c'en était fait peut-être de la défense de la capitale.

L'histoire nous enseigne encore que le flot de l'invasion d'Attila vint se briser contre les murs d'Orléans
et que, renonçant à faire le siège de la ville, le *fléau
de Dieu* rétrograda vers les plaines de Châlons où il
trouva son Waterloo. La Gaule dut donc aux murailles
d'Orléans d'être préservée de ces hordes barbares qui
s'en allèrent conquérir et ravager l'Italie.

Supposez Orléans transformé en boulevard fortifié,
en tête-de-pont de la Loire, et Napoléon Ier, au lieu
d'essayer une vaine démonstration de résistance sous
Paris, après les campagnes de France ou de Belgique,
ralliait ses troupes sous Orléans et défiait l'invasion.

Supposez Orléans fortifié en 1870 et la défense nationale avait son point d'appui où d'Aurelles, Chanzy et

Borel, reconstituaient une armée à la France et d'où ils pouvaient s'élancer, avec quelque chance, au secours de la capitale.

Dans l'avenir comme dans le passé, Orléans reste la citadelle de Paris : les invasions barbares, anglaises et prussiennes sont arrivées jusqu'à ses portes. C'est à Orléans que sont les clefs de Paris et de la France ; pourquoi ne fortifierait-on pas Orléans ?

L'histoire comparée des campagnes de 1815 et 1870 doit nous apprendre encore à nous méfier de certains procédés et de certaines formules qui ont faussé le jugement de plusieurs générations et détourné bien des esprits des saines notions de modestie et de prévoyance, de sagesse et d'activité dont le vrai patriotisme devrait toujours s'inspirer. Nous négligeons la fameuse théorie des *débrouillards* qui a fait jadis tant de prosélytes dans notre armée d'Afrique, et reste heureusement ensevelie sous les ruines de 1870. L'ouvrage qui a servi de pivot à la discussion de la campagne de 1815 nous en fournit une autre plus subtile encore et plus dangereuse. C'est évidemment la formule-mère du chauvinisme ; nous l'extrayons de la Préface du célèbre volume du général Gourgaud :

« Que peut le plus grand génie contre le destin ?
« .... Triste exemple des vicissitudes humaines !....
« Autant, dans d'autres temps, la fortune s'était plu à
« le favoriser, autant à présent elle semble prendre
« plaisir à l'accabler ! » Voilà, d'après le général Gourgaud, confident des dernières pensées de Napoléon Ier, la philosophie des guerres du premier Empire, et plusieurs historiens contemporains ont cru devoir faire dans les mêmes termes l'oraison funèbre du second

Empire, sans s'apercevoir qu'ils empruntaient aux Orientaux la doctrine fataliste qui a fait de tant de nations jadis civilisées et puissantes des sociétés corrompues, ruinées et incapables de se défendre contre les envahissements des Occidentaux.

Ce fatalisme inerte et maladroit, en endormant notre activité et notre vigilance, nous a procuré déjà trop de déceptions et de revers. Méfions-nous des missions providentielles, des favoris de la fortune et des étoiles qui brillent dans les imaginations enthousiastes de quelques illuminés. Tôt ou tard, égarés par cette boussole trompeuse, on retombe brutalement sur la terre ou l'on roule dans les abîmes, (déjà signalés il y a deux siècles par le bon Lafontaine), à la suite des astrologues militaires qui braquent leur lorgnette sur les astres du firmament politique, au lieu de la diriger sur les bataillons ennemis massés sur nos frontières.

Imitons d'une part l'activité infatigable des Prussiens après Iéna, et, d'autre part, appliquons les leçons de l'expérience à nos besoins du moment; réunissons et commentons les matériaux historiques qui doivent détruire les préjugés et les mensonges fabriqués par nos ennemis (et quelquefois par nous-mêmes), destinés à fausser nos appréciations et notre jugement et à détourner les efforts de la nation, du travail de réorganisation où elle est engagée. C'est le seul moyen, croyons-nous, de conjurer les caprices de la fortune, de modifier les décrets du destin et nous ajouterons, pour ne pas décourager les partisans du culte des étoiles et les rallier à notre sentiment : *sic itur ad astra* !

E. B.

Janvier 1884

PARIS. — IMPRIMERIE COLLOMBON ET BRULÉ

22, RUE DE L'ABBAYE, 22

www.ingramcontent.com/pod-product-compliance
Lightning Source LLC
Chambersburg PA
CBHW070117300326
41934CB00035B/2894